AF388718

LE MERITE DES DAMES.

Par Monsieur DE S. GABRIEL, Conseiller du Roy, Aduocat en ses Conseils, cy-deuant Aduocat General en sa Cour des Aydes de Normandie.

A PARIS,

CHEZ IACQVES LE GRAS, au Palais, à l'entrée de la Gallerie des Prisonniers.

M. DC. LV.

A

LA REYNE

ADAME,

Si voſtre Majeſté ne vou-
loit admettre que les diſcours
de pieté conformes à ſon humeur, ſa Cour auroit plutoſt
la reſſemblance d'vn Mona-
ſtere, que d'vn Palais Royal,
& dans vne continuelle me-

ã ij

EPISTRE.

ditation son ame se trouuerroit
à la fin affoiblie sous ces hautes pensees du Ciel, & sous
celles dont elle contribuë en la
terre au gouuernement d'vn si
grand Estat. C'est pourquoy,
MADAME, nous auons
vn notable interest d'en reti-
rer V. M. par quelques inter-
ualles de recreation, & la di-
uertir hors d'elle-mesme pour
nous l'asseurer plus longue-
ment. Et c'est ce qui me donne
la hardiesse, MADAME,
de presenter à V. M. ce petit
discours, où son humilité parmy toutes ses autres vertus,
trouuerra peut estre à redire

EPISTRE.

au merite de son sexe, que ie
mets au dessus celuy là des
hommes. Il est vray MADA-
ME, que la plus forte de mes
raisons a esté l'exemple de
V. M. qui persuade beaucoup
mieux cette verité que tous les
discours qui peuuent estre faits
sur vn si beau sujet Car qui
est celuy d'entre les plus grands
Heros qui osast pretendre à
des qualitez & des vertus,
qui ne se trouuassent tous-
jours de beaucoup au dessous
celles, dont V. M. orne son dia-
desme. Parmy les grandeurs
& les delices de sa Cour, elle
y conserue vne ame si nette de_s

a iÿ

EPISTRE.

vaines impreßions qui s'y forment, que la plus esleuée partie du monde n'est pas plus
exempte des exhalaisons de la
terre & des foudres du Ciel.
Et comme par la moderation
de sa puissance, sa bonté luy
a fait vaincre la meilleure
partie des rebelles, nous iouy-
rions desia du retour de ce siecle d'or, que ie predits sous la
benignité du gouuernement
des Dames, si nostre bon-heur
n'estoit pas retardé par la mauuaise fortune de ceux qui pen-
sent leur salut dans la conti-
nuation du desordre. Mais
s'il pouuoit aduenir, MADA-

EPISTRE.

M E, *que ces déuoyez peuſſent rentrer dans le droit chemin, & qu'ils ſe laiſſaſſent perſuader par leur bon Ange, de ſe raprocher ſans ſcrupule de V. M. vn ſeul regard de ſes beaux yeux ſur ces Errans, nous donneroit vne bien plus prompte & plus agreable victoire, que ne fera pas la force & la puiſſance des armes du Roy voſtre fils. Elle les verroit alors dans vne profonde conſternation de leur faute, & leurs yeux ne ſe ſentiroient pas ſi toſt humides de regret, que ceux de V. M. ne le fuſſent de tendreſſe et d'affection Car*

EPISTRE.

c'est de la sorte, MADAME,
qu'ils ont le pouuoir de tout
vaincre, & que V. M. rap-
pelle à leur deuoir les plus
grands courages.

Dans l'esperance d'vn si
heureux aduenir, MADA-
ME, ie n'ay point trouué de
recreation plus innocente à
vostre Cour, que celle cy qui
est proposée aux plus belles.
Iadis la Deesse de Discorde
eut l'inuention de troubler la
feste la plus solemnelle, où as-
sistoient les Dieux & les Deesses, en iettant la pomme d'or,
pour estre donnée à la plus belle. Mais cõme cette malicieu-

EPISTRE.

se procedoit à cela par ven-
geance, & qu'en reduisant ce
precieux aduantage à vne seule, elle mettoit tout en trouble.
Ie n'ay pas le mesme dessein
MADAME. Car comme vo-
stre Cour se trouue beaucoup
plus auguste par la pluralité
des beautez qui y sont, que
n'estoit iadis cette grande as-
semblée de Deïtez, où il ne
s'en trouua que trois qui peus-
sent pretendre à ce precieux
gage. I'ay pensé qu'il estoit
iuste de le partager à toutes
celles qui le meritent, & que
l'aduantage qu'vne seule rem-
porta, ne priue pas toutes les

EPISTRE.

autres de la gloire où elles doiuent participer.

L'on forme pour ce vn Ciel
de la Beauté, où toutes les
belles de ce siecle, malgré le
temps, doiuent estre mises au
plus haut point de leur lustre.
Vostre Majesté, MADAME,
trouuerra bon que son pour-
trait y occupe sa placé. Car
en donnant sa lumiere à tous
les autres, qui comme de puis-
sans Astres animez seront
mis à ce beau Ciel, il le rendra d'autant plus lumineux
& esclatant, & y sera consi-
deré comme son Soleil. Ie suis
sollicité, MADAME, en

EPISTRE.

conſequence de ce panegyri-
que que i'ay fait à l'honneur
de ce beau ſexe, d'eſtre le Se-
cretaire & l'Officier apparent
d'vn ſouuerain Conſeil ſecret,
qui veut demeurer incognu,
compoſé de quatre Dames &
de trois Seigneurs, où l'on doit
propoſer & iuger du merite
de toutes les Dames de voſtre
Cour & de tout voſtre Royau-
me, leſquelles ſe trouuerront
auoir des perfections & des
vertus ſureminentes au deſſus
des autres de leur meſme ſexe,
ſoit en la beauté du corps, ou
en celle de l'eſprit, ou en la
bonté de l'ame, pour eſtre leurs

pourtraits admis & placez en
ce beau Ciel , chacune selon
leur dignité , et l'aduantage
qui leur y sera donné. En toutes les deliberations qui se fe-
ront en ce Conseil, la premiere & principale pensee des Iuges sera tousiours de considerer
& obseruer si celles qui leur y
seront proposees, auront quelque participation & rapport à
à la belle idee de V. M. & à
ses diuines perfections & vertus. Car les aduis des Iuges de
l'vn & l'autre sexe, dont est
composé ce Conseil Inconnu,
se conformans sur vn si beau
modelle, rendra tous ses iuge-

EPISTRE.

mens infaillibles, & tout le monde y acquiescera d'autant plus volontiers, que la raison tiendra le mesme party, & sera encore selon l'inclination & la creance,

MADAME,

De Vostre tres-humble, tres-obeyssant, & tres-affectionné seruiteur, & sujet.

DE S. GABRIEL.

LE
MERITE
DES
DAMES.

E n'appelle point d'autres Diuinitez à mon ayde que vous (mes belles Dames) pour établir le iuste prix du merite que la raison vous donne au dessus des hommes. Ie ne veux point d'autre modelle de perfection, pour faire voir que vous estes le chef-d'œuvre de la nature. Arriere d'icy profanes , qui voudriez destruire les Autels que j'erige à ces belles Deesses. Hommes insolens ! qui pour toute raison n'auez que vostre audace, qui vous fait maistriser ce beau sexe. Ne pensez plus vous esgaler à son merite. Et vous critiques à visage sourcilleux & austere, fuyez tout promptement sans tarder : car si vous venez vne fois à contempler ce bel objet, vous estes pris , & ne pouuez luy refifter finon par voftre fuite.

I. Entre le nombre infiny des ouurages de la Sageffe Eternelle, il y en a cinq, qui furpaffent par eminence tous les autres. Le Ciel, le Monde, l'Ange, l'Homme, & la Femme. Ce grand ouurier dans l'ordre de leur creation y a obferué ce meflange & cette mefure harmonique, qu'apres vn plus excellent, il y en a mis vn moindre, & en eft demeuré à la femme, comme fon chef-d'œuure & la perfection de la nature. Car le Ciel eft plus noble que le monde, & l'Ange plus que l'homme. Mais au troifiefme couple de fes œu-ures, la femme y a efté confiderée fi belle par ce grand ouurier, qu'en arreftant tout court les effets de fa Toute-puiſſance dans la contemplation de fon dernier ouurage, il l'a veu fi accõply, qu'il furpaſſoit les merueilles des quatre autres en fa perfection.

Le Ciel, la maifon du tres-haut, le parterre du Paradis, le lambris du monde, eternel en fa matiere & en fa ſtructure, paré & enluminé de tous ces beaux Aftres, qui femblent tout autant de Diuinitez viſibles & animées, comme il eſtoit le premier miracle de ce grand ouurier, ſembloit deuoir auſſi ſurpaſſer en dignité tout ce qui luy reſtoit à faire.

Le monde fut ſa deuxieſme idée, & de cette groſſiere machine confuſe ſans mouuement & ſans forme, il en compoſa vne ſeconde image de ſa Diuinité. Il mit en ce beau portrait les plus agreables couleurs de la nature, & par des compaſſements admirables & des proportions bien ordonnées, deſbroüilla cét amas de confuſion, & luy

donna des embellissements,
qui n'estoient gueres moindres que ceux du Ciel, & en-
chainant ce beau couple ensemble, il voulut que toutes
les choses de ce dernier de-
pendissent de celuy qui te-
noit le dessus, & qu'elles fus-
sent par luy guidées & re-
gies.

L'Ange fut le premier ob-
jet du second couple que ce
sage ouurier considera. Il en
fit vne substance immateriel-
le, intelligible, & viuante,
qualitez sureminentes au
dessus de ces deux premiers
ouurages, vn pur rayon de sa

Diuinité , vne creature im-
paſſible , vn ſuiet Eternel ſans
tache ny defaut, vn eſprit qui
eſt par tout en des moments,
& n'occuppe aucun lieu.

L'homme tant ſoit peu
moindre que cette toute ſpi-
rituelle eſſence , luy fut donné à ſa garde , & participant
comme il fait , de ces trois
premieres creatures, fut rendu comme le lien & l'aſſorti-
ment de toutes , la jointure
de l'ouurage compoſé de
corps & d'ame , ayant le
corps commun auec les ſubſtances materielles , & vne
ame fort ſemblable à ces eſ-

prits Angeliques, de sorte que
par ces beaux attributs il at-
touche les deux extremes par
la communication de sa nature.

La quadrature de cét ou-
urage sembloit l'auoir mis en
sa perfection. Il paroissoit ac-
comply de tous points.
Quand ce grand ouurier
voulant faire encore vn troisiesme couple, commença
par la femme, laquelle quoy
que faite de l'homme, ne lais-
sa d'estre plus digne, comme
l'or qui est fait de la terre, &
les perles de la sueur du Ciel
parmy l'escume de la mer; si

qu'ayant inspiré en elle sa beauté & sa bonté par eminence au dessus de toutes ses premieres creatures, il la contempla si parfaite, que rauy dans l'extaze de cét accomplissement, il s'vnit à elle, sans vouloir faire passer plus outre les effets de sa Toute. puissance, mais se reprenant au premier chainon du Ciel, rendit le rond en sa perfection.

II. Comme la beauté & la bonté sont les veritables atributs de ce grand maistre, ou pour mieux dire que le beau & le bon est sa propre essen-

ce, il faut aduoüer que de
ces cinq sureminentes creatures, celle qui participe dauantage à sa Diuinité doit
estre reconnuë pour la plus
noble & la plus excellente. Le
Ciel & le Monde sont tres-
beaux, mais ces qualitez en
eux sont sans merite, dautant
qu'estans insensibles & sans
vie, tous les effets qu'ils pro-
duisent, n'augmentent point
leur gloire ny leur bon-heur:
Et comme ce seroit folie de
leur sçauoir gré de leurs bien-
faits, elle ne seroit pas moindre de se courroucer contre
eux du mal qu'ils peuuent

faire. L'Ange & l'Hommē
ont l'intelligence, mais comme ce premier est destitué de
volonté, du moins qui le
puisse faire detraquer du
droit chemin du bien, celuy
qu'il fait, poussé comme par
l'instinct de sa propre nature,
ne luy apporte pas la mesme
gloire & le mesme merite
qu'à l'hommme qui luy ad-
uient de ses actions vertueuses. Car cestuy-cy ayant la
volonté & la puissance de se
departir du bien, quand il s'y
porte, & qu'il y moissonne les
plus hautes & magnifiques
vertus, c'est à luy-mesme que

l'honneur en reuient, & qu'il
en reſſent des ſatisfactiõs in-
terieures ſi ſuaues, que ſon
ame s'eſleue à vne telle felicité, qu'il ſe rend comme ſemblable à Dieu. Il faut dõc aduoüer que les belles actions
de l'homme, & encore beaucoup mieux de la femme
(comme il ſera monſtré cy-
apres) accompagnées de
leur volonté, ſont les plus nobles & excellents effets, qui
prouiennent des creatures, &
rejaliſſent au Createur. Ainſi
il reſte à examiner à laquelle
de ces deux, ou à l'homme
ou à la femme, conuient plus

proprement cette diuine es-
fence, de laquelle eſt produit
tout ce qu'il y a de beau, de
bon, & de bien au Ciel & en
la Terre.

III. Comme le corps eſt le
premier & le plus proche de
nos ſens, & que l'homme &
la femme eſt vn compoſé des
ſubſtances materielles & Angeliques, il eſt neceſſaire de
commencer par le corps, qui
eſt le premier en ſon eſtre, &
qui nous eſt le mieux cognu.
Il faut encore conſiderer, que
la beauté contient en ſoy la
bonté, & ſont tellemét vnies,
que Dieu beau & bon eſt vne

feule & mefme effence. Mais comme le corps & la beauté font les premiers en l'ordre de la nature, il faut commencer par eux ; Et apres auoir monftré que la femme participe plus proprement à ce diuin atribut de la beauté, fera encor monftré que fur cette belle racine eft entée la bonté; puis faut en venir aux raifons plus particulieres & palpables à tous nos fens, qui faffent reconnoiftre & aduoüer par les hommes mefmes, que la femme les furpaffe en l'vn & l'autre de ces diuins attributs.

IV. De toutes chofes qui
font & fe voyent dans le
móde,il y en a de fi certaines
& euidétes par elles-mémes,
que c'eft folie de fe mettre en
peine de les prouuer ; & d'autres font enueloppées dans
des raifons de douter fi ob-
fcures, qu'elles ne fe peuuent
demonftrer par des argu-
ments infaillibles. Mais entre
ces deux extremes ; il y en a
qui fe doiuent prouuer par
des raifonnemens vray-fem-
blables & admiffibles par
ceux qui ne fe laiffent aller à
vne aueugle opiniaftreté. Or
il femble que ce foit icy d'a-

bord tõber en cette premiere
erreur , de vouloir prouuer
que la féme surpasse en beauté l'homme, ce qui n'est pas
moins que qui se mettroit en
peine de iustifier que le iour
est plus lumineux que la
nuict, ou le Soleil plus esclatant que les estoilles. Toutesfois dautant que ce premier
attribut de beauté pourroit
estre pris pour équiuoque, il
faut faire voir par des
moyens raisonnables, qu'il
conuient à la femme plus
proprement qu'à l'homme,
tant au regard du corps,
cóme au regard de l'ame, &
qu'en

qu'en l'vn & en l'autre elle le
furpaffe en ce Diuin attribut.

V. La beauté corporelle
eft vn objet vifible, qui par
fa perfection & fes diuins attraits prouoque l'appetit, &
attire l'intellect à la defirer &
aimer. I'ay dit l'intellect, par-
ce qu'auffi-toft qu'il a iugé
l'objet pour beau, il force la
volonté à le defirer & l'aimer.
Il eft vray toutesfois que
pour faire confentir la volonté à l'amour de poffeffion, il
faut qu'il y ait quelque eftin-
celle d'efperance qui en allu-
me le feu

Bien que la beauté foit le

plus commun & general objet de nos defirs, neantmoins tous ne font pas d'accord en quoy elle confifte. Car felon la diuerfité des pays, & l'humeur de chaque nation, la beauté du corps, auffi bien que celle de l'ame y eft differente. Neantmoins tous conuiennent en ce premier principe, qu'vn chacun defire & aime ce qui luy paroift eftre bon ou beau. Et Dieu poffede en luy toutes ces fortes de beautés & de bontés, qui toutes prouiennent de fa diuine effence.

Il faut donc confiderer la

beauté en tant que la raison
l'y met parmy nous par l'opinion la plus vniuerſelle &
commune, & voicy comme
la beauté corporelle ſe peut
conceuoir & deſpeindre.

La beauté du corps a deux
principales conſiderations.

La premiere eſt d'vne riche
taille & d'vn port maje-
ſtueux, de qui le viſage reſpand par toute la perſonne
vne grace attrayante, & qui
ſoit auec ce d'vne proportion
bien reglée de tous les mem-
bres, & iuſques aux plus petites parties. Et la deuxieſme
conſideration, eſt vne chair

delicate, douce & blanche,
qui ſoit au viſage d'vn teint
delié à fonds vermeil, comme d'vn compoſé de lys & de
roſes: Quant aux parties plus
ſpeciales , les cheueux doiuent eſtre en abondance d'vn
blond cendré, creſpé & an-
nelé; les yeux doux d'vn bleu
mourant à fleur de teſte , ſur
leſquels les ſourcils ſeront
comme deux petits arcs que
les graces y auront tracez; le
nez ny Perſan ny Chinois, ny
gros ny trop petit; la bouche
tant ſoit peu plus fenduë que
l'œil fermé, rebordée de deux
levres de corail, & de qui

l’ouuerture fasse esclorre vne
fraische & humide rose rou-
ge , en laquelle se voyent
deux rangées de dents blanches , massiues , vn peu voû-
tées, selon la forme de l’ongle
du petit doigt ; le visage en
ovalle , le front vny , qui ne
soit plat, de la largeur depuis
les yeux au bout du nez ; les
jouës vermeilles au milieu vn
peu esleuées, lesquelles par vn
doux & aimable sousris fassent vne subite monstre qui
disparroisse en des instans, de
deux petites fossettes à l’escart
desdeux costez de la bouche,
& qui respondent au trian-

gle de celle qui sera stable &
permanente au bas du men-
ton, qui ne doit estre ny trop
gros, ny pointu & sans aduance ; le col gros d'vn blanc
d'albastre ; la gorge grasse &
replette ; le sain haut, dur &
separé comme deux petits
monts de neige, en aspect l'vn
de l'autre ; le bras plain, gros,
blanc & frais : les mains sans
os & sans veines, blanches &
douces, de la longueur du visage, qui ayent les doigts vn
peu plus menus par le bout:
& pour le reste des autres
parties du corps, comme elles sont cachées, & que l'ima-

gination se les figure , chacun selon son appetit. Il n'est
pas possible d'y establir vne
regle certaine , qui soit fon-
dée sur le consentement vniuersel & commun.

Il y a encore quelques autres beautez, qui bien qu'elles n'ayent pas parfaitement
les couleurs, les traits & tous
les lineamens cy- dessus ex-
primez, ne laissent pas pour-
tant par ce ie ne sçay quoy
que l'on se persuade estre en
elles, d'auoir les mémes charmes & les mesmes attraits à
se faire cherir, desirer & aimer.

B iiij

Et c'eſt pourquoy, comme la beauté participe à l'eſſence Diuine, il eſt aſſez difficile de la deſcrire, de ſorte que l'on la pourroit quaſi pluſtoſt ſpecifier par les deffauts qu'elle ne doit pas auoir : Comme l'on peut bien pluſtoſt dire ce que Dieu n'eſt point, que non pas ce qu'il eſt : Et ne ſe peut pas mieux exprimer vne beauté accomplie de tous points, qu'en propoſant la belle perſonne de M.

VI. Ce n'eſtoit pas aſſez d'auoir dit que la beauté eſt l'vn des premiers & des plus

excelléts attributs de la creature humaine. Il falloit dire
le mieux qu'il se pouuoit ce
que c'est , & qu'elle est cette
beauté en elle. Or presuppo-
sé qu'elle soit telle par le consentement vniuersel & pu-
blic, il ne reste aucun doute
que la femme ne possede cette beauté corporelle par eminence au dessus des hommes,
puis qu'eux-mesmes demeu-
rent d'accord qu'elle est
l'vne des qualitez la plus propre & essentielle aux Dames,
& qu'il n'y a point d'homme
qui la pretende esgaler en la
delicatesse du teint, ny qui se

puiſſe preualoir comme elle, du celeſte azur de ces deux beaux aſtres viuans: qui ait le vermeil de la bouche, la grace & les attraits du viſage d'vne belle Dame. Mais bien tout l'artifice de l'homme dans la plus belle ſaiſon de ſa vie, ne tend qu'à s'approcher tant qu'il peut des perfeⅽtions & de l'image de ce beau ſexe. Il raze & arrache cét excrement de barbe qui vient à luy defigurer la face. Il commence deſlors à regretter la participation qu'il auoit à la beauté des Dames. Il ſouſpire apres la perte qu'il

a faite de leur perfection, laquelle luy eſtoit renduë commune auec elles , & n'y a
point de douceur & d'atraits
en ſon viſage & en ſes yeux,
en quoy il ne l'imite.

VII. Si l'homme eſt ſur-
monté par la femme en la
beauté du corps, il l'eſt auſſi
en tout ce qui concerne le
dehors & l'agencement de la
perſonne. Car les habits
d'vne Dame luy donnent
toute vne autre majeſté que
ne font pas à l'homme ceux
dont il ſe pare. Il ne faut
point de preuue plus demon-
ſtratiue de cela , que ce que

tes yeux t'en diront, si tu vas
visiter tous ces portraits tirez
sur l'original de nos Roys, &
des Reines dans la petite Gallerie du Louure:obserue d'vn
costé les habits, le port & la
façon de tous ces grands
Roys, enuironnez des Princes & des grands de leur Regne : Et jette de l'autre costé
ta veuë sur la majesté de leurs
espouses & sur les portraits
de toutes ces Dames de leur
Cour, qui seruent de bor-
dure à celuy de ces gran-
des Deesses. Tu croiras aussi-
tost qu'auec la qualité de
Reines, elles auoient enco-

res la puiſſance de dominer
leurs marys auſſi bien que
leurs peuples.

Ces longs habits pompeux,
ces amples veſtemens des
Dames, dont les hommes ſe
parent à leurs grands iours,
& és ceremonies. Ces habits
Pontificaux & ceux de la Iuſtice ſont empruntez de l'ornement ordinaire de ce beau
ſexe. Tirez-vous d'icy Cour-
tiſans clinquantez, veſtus
court-retrouſſez, auec vos
petites caſaques à courtes-
manches, vos gambades eſ-
cartées, & le gros de vos
jambes couuert de ces gui-

chons blancs renuerſez (meſ-
quine parure de valets &
gens de pied) font aſſez con-
noiſtre quevous n'eſtes autrement que pour ſeruir ce beau
ſexe. C'eſt à vous haut &
court veſtus comme leurs
Pages, à leur porter la robbe.
Ce pouſſement de leursge-
noux contre le clinquant de
leur juppe, & l'entre-veuë du
petit bout de leur pied en leur
marcher, a plus de grauité,
plus d'attraits, & donne plus
d'amour, que ne fait pas le
faſt de toutes vos gambades
& vos pantallonnades.

VIII. Les Peintres met-

tent pour plus excellent chef-
d'œuure de leur art , de bien
faire le portrait d'vne belle
Dame. Plus la beauté excelle
& plus est grand leur trauail.
Ils ne peuuent illuminer &
donner l'esclat & le rayon
aux couleurs, pour esgaler
la viuacité du teint de leur
original. La pallette de l'ouurier est ingratte, elle ne luy
fournit que le depit & la colere de ne pouuoir atteindre
aux beautez du sujet qui le
rauit & l'anime. Mais il n'y a
point de visage d'homme que
son art ne surpasse, & à peine
se peut-il retenir dans sa fla-

terie. Tant le chef-d'œuure
d'vn ouurage diuin est difficile à imiter, & que les choses plus basses & plus com-
munes sont bien plus faciles.
Aussi chaque nation le cede
aux Dames. Les Italiens, les
Anglois, les Persans, les Fran-
çois & les autres les mieux
polies & ciuilisées y parrois-
sent tous auoir espousé leurs
maistresses , & font gloire
auec ce nom de leur en laisser
l'vsage. Ces gros visages
d'Empereurs à menton ras,
qui cherchoient dessors à res-
sembler à ce beau sexe, n'ont
plus parmy nous la belle fa-

çon

çon de leurs Iullies, Agripines,
ou de ces Cleopatres, Didons
& Heleines. Ce qui nous
aprend que deſlors, comme
maintenant & dans les ſiecles aduenir, la bonne mine
des hommes n'eſgalera ia-
mais la beauté des Dames.

IX. Auant que de paſſer
à la beauté de l'Ame, il faut
icy remarquer vne tierce
beauté, qui participe à celles
tant de l'eſprit que du corps,
C'eſt la parole & la voix, l'e-
miſſion la plus agreable du
compoſé, la fleur de ces deux
premieres beautez, l'harmo-

C

nie melodieuſe de ce beau
chef d'œuure , le charme le
plus efficace de ce bel image.

L'on ne delibere iamais que
des choſes douteuſes, & mettre icy en queſtiõ, lequel des
deux ou l'homme ou la femme a le deſſus pour le ton de
la voix & de la parole , ce
n'eſt pas tomber en vne
moindre erreur, que qui dou-
teroit auquel des deux par
eminence apartient la beauté corporelle. La douceur de
la parole d'vne belle Dame, a
plus de force pour charmer
& attirer les cœurs que tous

ceschainōs d'or de l'eloquéce
d'Hercule. Les plus belles fi-
gures de l'art oratoire ne pro-
duisent point les mímes effets, que font les mignardises
de la voix d'vne belle mai-
stresse. Et quelque harmo-
nieuse que puisse estre la bosse
de la voix masculine, elle ne
donne point les mémes poin-
tes, que fait le superius d'vne
ieune Dame. Celle-cy a le
dessus & de nom & d'effet.
Et vouloir contredire vne verité si apparente, se seroit se
rendre aussi ridicule, que qui
s'arresteroit icy dauantage à

C ij

en rapporter d'autres raiſons, que ce que nous en reſſentons par l'eſpreuue.

X. Faut donc apres ces deux beautez, en venir à la troiſieſme, qui eſt celle de l'ame, & môſtrer encore que la femme y excelle pardeſſus l'homme. Celle-cy doit eſtre conſiderée doublement ; Car l'vne concerne la beauté de l'eſprit le plus capable des vertus intellectuelles. Et l'autre la beauté de l'ame la mieux ornée des vertus morales & ſpirituelles. Et celles-cy font vn lié & aſſortiſſemét

de la bonté auec toutes ces
beautez. Car nous auons dit
que beau & bō eſt vne méme
choſe, & qu'il n'eſt rien plus
vray-ſemblable, que la con-
formité & relation du corps
à l'eſprit; & quand elle n'y eſt
pas, il faut penſer qu'il y a
quelque accident qui a interrompu le cours ordinaire Sō.
crate cōfeſſoit que la laideur
naturelle de ſon corps accu-
ſoit iuſtemét la laideur de ſō
ame, mais que par inſtitution
il en auoit corrigé les defauts.
De ſorte que la bonté eſt la
racine de la beauté, & la

beauté la fleur de la bonté
qui reluit aux creatures.

Les Philosophes & les Me-
decins en l'examen des esprits
concurrent à mesme aduis, &
disent : Que ceux qui ont la
chair plus deliée sont plus capables des operations de l'a-
me ; Ils ont plus de viuacité
pour comprendre, ayans l'i-
magination plus subtile, par
laquelle l'ame raisonnable
execute bien plus promptement son œuure, Et comme
les femmes sont d'vne substance plus delicate que les
hommes, àcause de la tenuité

de leur cuir & la delicateſſe
de leur chair , elles ſont plus
ſenſibles aux bleſſeures &
plus faciles d'en eſtre offencées és moindres occaſions,
& c'eſt ce qui fait que les
femmes qui ont l'eſprit plus
vif , ont plus de crainte & de
prudence que les hommes
dans les perils ; Ce qui ne leur
peut eſtre imputé à vn defaut,
puis que cela prouient d'vne
vertu. Ce que Platon au Dia-
logue de la Nature attribuë
aux plus ſages, leſquels il dit
eſtre plus foibles & delicats,
pource que la Nature les a

C iiij

fait tels , & ne les a voulu
charger de beaucoup de matiere de peur d'offencer l'ef-
prit. Et eft vray que plus vn
homme eft parfait & accom-
ply , & qu'il eft plus inge-
nieux & fçauant pardeffus
les autres hommes , il approche de plus prés la nature &
complexion des Dames , &
comme il eft auffi plus capable de connoiftre les perfections & l'excellence de la
beauté, & confequemment
plus fufceptible de fes charmes, il eft dautāt plus amou-
reux de ce beau fexe; Car aux

autres d'esprit plus grossier,
l'amour y est endormy, & n'y
agit que fort legerement.
Aristote asseure encore qu'entre tous les animaux celuy
qui a la teste plus petite à proportion du corps, est le plus
spirituel & le plus sage. Tout
cela se rapporte à la femme,
beaucoup plus qu'à l'homme.
L'office de cette substance
spirituelle & delicate est de
resueiller plus promptement
les puissances de l'entende-
ment, de l'imagination & de
la volonté, & leur donner force & vigueur, à ce qu'elles

puiſſent exercer leurs actions
plus efficacement ; & cela ſe
connoiſt aparemment ſi l'on
vient à conſiderer le mouue-
mét imaginatif en la féme, &
ce qui aduient apres en l'œuure: Car auſſi-toſt que la fem:
me vient à eſtre offencée, le
ſang des arteres accourt incontinent au cœur & reſueil-
le la puiſſance de l'ire, & luy
donne chaleur & volonté de
s'en venger. Ou ſi elle vient à
s'imaginer quelque choſe de
honteux, ce meſme ſang ſub-
til & vif monte incontinent
ſur la delicateſſe de ſó viſage

& le couure d'vn voile rou-
ge , pour ne point apperce-
uoir la laideur du vice qu'elle
a en horreur. De sorte que si
les fémes ne sont d'ordinaire
si sçauantes que les hommes,
ce n'est pas que leur esprit
soit moins capable des sciences , mais les hommes par
la force & l'iniuste puissance qu'ils se sont donnée
sur elles, les ont voulu priuer
de ces grands talents , par la
jalousie qu'ils ont euë, que se
voyans desia surpassez par
elles en la beauté du corps, &
qu'ils l'estoient aussi par la

dispositió naturelle de l'esprit
subtil de ce beau sexe, comme ils n'ont peu luy oster la
beauté corporelle ; sans se
faire tort à eux-mesmes, ils
ont voulu desfigurer tant
qu'ils ont peu la beauté de
leur ame, en les priuant des
sciences. Mais comme cette
priuation vient de leur tyrannie, elle ne fait pas perdre
pour cela à ce beau sexe les
dons suréminents de nature,
qu'elles ont par dessus l'homme.

Et pour le demonstrer ainsi par vne raison tres palpable, que la nature mesme nous prouue en leur faueur, c'est qu'elle fait paroistre plus d'esprit, plus de prudence, & de raison à vne petite fille de huict ans, que sõ frere n'en a à seize, où il est bien moins capable en cét aage, de conduire & gouuerner la maison de leur pere, que n'est pas sa sœur, laquelle a des ans moitié moins que luy, & partant est bien plus capable des sciences & vertus intellectuelles, si l'on ne luy en interdisoit pas l'entrée.

Ce dont l'Antiquité nous

fait foy en cette Thelefille, laquelle s'arma contre les Spar-
tes, & par fon bien dire fift
deïfier Mars le feminin. L'e-
loquence de Saphon dont
Lefbos fait tant de gloire, &
la profonde doctrine de
Theano fille de Pithagore
nous le tefmoignent. Ce qui
fe verifie encore dautant
mieux au temps prefent par
cette fçauante fille Reine
de Suede, laquelle n'eftant
point empefchée par les
hommes fes fujets, a fi bien
fait valoir les difpofitions naturelles de fon grand genie

és sciences & és belles Lettres , qu'elle si est renduë la
merueille du monde, & se sa-
tisfaisant en elle-mesme dans
les plus hauts & misterieux
secrets de sa Philosophie , a
fait paroistre qu'elle peut
tout vaincre , puis qu'en ab-
dicant, comme elle a fait, ses
Estats, elle a vaincu sur elle-
mesme l appetit importun de
regner.

XI. Quand aux vertus mo-
ralles, spirituelles & diuines
elles se font trouuées en la
femme au dessus de la tyrannie des hommes , leur force

est en ce point sãs effet, & sõt
contraints d'auoir recours à
tous les artifices que la malice
leur suggere, pour deceuoir
& corrompre les inclinations
naturelles & les vertueuses
habitudes de ces belles ames,
Mal-heureux ! que ne faites-
vous point pour entreprédre
fur la chasteté de ces beautez, qui n'ont d'autres pen-
fées que celles dont l'honeur
& la vertu les anime. Apres
vos humilitez & vos prote-
stations d'vne obeyssance
foufmise à tout pour leur fer-
uice, vous y employez les pre-
fents

fents & la defpence. Vous
tafchez à fléchir leur courage & leur conftance par vos
foufpirs & vos larmes , &
comme vous auez atiré ces
humeurs debónaires iufques
au tendre, vous leur donnez
l'aprehenfion d'vn funefte
defefpoir fur vos perfonnes,
dont vous leur imputez le crime. Vous leur demandez
voftre liberté par voftre
mort. Vous vous percez la
veine en leur prefence, & par
vn pitoyable objet les yeux
mourans vous leur redeman-
dez la vie; & leur bonté ne
peut alors vous voir mourir

D

pour elles fans vous fecourir.
Si vous ne vous portez à cete
extremité, vous auez recours
à vn autre moyen qui eſt celuy de tous le plus méchant,
vous employez les philtres &
les charmes pour les forcer à
vous aimer. Vous allez con-
ſulter dans le profond de la
vingt-troiſiefme nuict du
fixiefme mois, les eſprits te-
nebreux, & mettant ſous le
cheuet de voſtre lict la bran-
che de cette herbe amoureu-
ſe, vous appellez & recla-
mez le nom de voſtre cruelle
auec des mots barbares, dont
vous forcez la vaine idole à

voüs venir viſiter.

Les Dames vſent-elles de
ſemblables méfaits pour deceuoir les marys de vos femmes ? Courent-elles apres
vous auec des preſents, des
ballets, des jeux, des Come-
dies, des collations ſplendides & mil autres ſumptuoſi-
tez, dons, largeſſes & deſ-
péces. Font-elles ſeruir comme vous les lieux ſaints à ces
œillades amoureuſes & à tant
de laſciues penſées ? Qui eſt
celuy d'entre vous le plus au-
ſtere & deuot, qui ſe tienne
aſſeuré ſur ſon courage de re-
fuſer les faueurs d'vne belle

D ij

Dame ? Et à peine parmy elles s'en trouue-il vne qui veil-
le accepter les offres de serui-
ce du plus galand d'entre
vous. O qu'il faut aduoüer
que leur continence, leur chasteté , leur courage & leur
constance, surpasse de beaucoup cette fausse generosité,
que vous vous attribuez sans
raison au dessus d'elles.

XII. Voudriez-vous vous
esgaler à ce beau sexe en ses
autres vertus. En la sobrieté,
l'abstinence , l'affabilité , la
mansuetude, la modestie, la
pudeur, la clemence, l'hospi-
talité, la prudence, la chari-

té, la pieté, l'amour de Dieu
& du prochain, qui eſt la ci-
me & le haut point, qui leur
fait moiſſonner toutes les autres plus eminentes vertus,
par leur temperance, la force à reſiſter au vice, & la ju-
ſtice qu'ils obſeruẽt en leur
vie beaucoup plus religieuſe-
ment que vous ne faites en la
voſtre.

Mais comme vous ne vou-
driez pas demeurer d'accord
de tous ces beaux attributs
qui ſont en elles au deſſus des
voſtres, il faut vous en faire
voir plus clairement la verité,
en les prenant chacun en dé-

tail, pour vous forcer de recõnoiftre, que toutes vos pretéduës vertus en quoy vous péfez les furpaffer, font pluftoft autant de vices fplendides & magnifiques, dont vous tirez voftre gloire. C'eft ce que ce petit voleur de Corfaire auec fa petite fregate fçeut fort bien repartir au plus grand volleur Alexandre, lequel à caufe de fes plus magnifiques depredations auec fes Galeres & fes armées Nauales, s'eftoit fait attribuer ce pompeux tiltre de Grand.

XIII. Les vertus ont cela de propre, qu'elles fe tiennent

comme liées enſemble d'vn
cordon ſi ſerré , que l'vne
ſans l'autre à peine retient
ſon nom. Tout ainſi que les
Graces , qui dépeintes par
les Poëtes & les Peintres,
s'entretiennent en rond par
les mains en la figure la plus
parfaite , ſans commence-
ment ny ſans fin. De ſorte
que ce ſeroit aſſez de prouuer que la pieté reluit par
éminence au ſexe feminin,
ſans laquelle les vertus ciuiles
& morales , ne ſont pas proprement des vertus, mais des
noms ſeulement. La notorie-
té publique rend cette preu-
D iiij

ue constante pour les femmes, outre qu'elle est auerée par le texte de l'Histoire sainte, qui donne precipument cét Eloge à ce beau sexe deuot. Et c'est pourquoy ces mesmes Peintres & les Poëtes sous les mysterieux secrets de l'ancienne Theologie, ont dépeint & décrit toutes les vertus sous le sexe feminin & les vices sous le masculin. Et parmy nous les Anges auec leurs ailes, le sont aussi sous l'habit de ce beau sexe, & les Demons auec des cornes sous celuy des hommes. Et mesme l'on a creu que les

Anges ont autresfois defiré la compagnie des femmes, comme celles de toutes les creatures qui s'impathiſſent le plus à leur celeſte nature.

Les Dames ayant donc pre-cipumēt cette premiere ver-tu, laquelle embraſſe & attire toutes les autres à elle. L'on peut dés à preſent conclure qu'elles ſurpaſsētl'hōme, non ſeulement en la beauté du corps & de l'eſprit, mais en-core en la bonté de l'ame, & poſſedans plus parfaitement ces diuins attributs, elles ſont renduës plus ſemblables à la Diuine eſſence : Toutesfois pour satisfaire au contredit particulier qui pourroit encor estre allegué par les hommes, il faut examiner toutes ces perfections par le menu en ces belles ames.

XIV. La crainte de Dieu, qui est le commencement de la Sagesse produit bien plus efficacement dans le cœur des femmes, son amour qu'en celuy des hommes, la pieté & la deuotion y reluit dans vn bien plus haut lustre, mais encor toutes les autres vertus y sont bien plus apparentes. Car la chasteté y est non-seulement par vne continen-

ce plus naturelle, comme
encor la temperance & la sobrieté.

C'eſt choſe tres-extraor-
dinaire parmy les nations
meſmes les plus adonnées à
l'yvrongnerie, d'y voir vne
Dame yure. Les anciens Ro-
mains parmy toutes les autres prerogatiues, que leur
tyrannie leur a fait vſurper
ſur leurs femmes, ainſi que
leur domination ſur toutes les
nations de la terre, permirét
aux maris de les tuer, lors
qu'ils les pourroiét conuain-
cre d'auoir beu du vin. Pour-

quoy cela? finõ que recõnoif-
fãs la fobrieté en general eftre
du fexe, c'eftoit vne honte à
eux de voir leur féme en particulier n'eftre pas douée cõme les autres de cette loüable
vertu. Voir vne Dame yure
c'eft vn prodige, c'eft vn peché familier & ordinaire à
l'homme, depuis le croche-
teur iufques aux Empereurs.
La Nature viciée & deshu-
manifée de ces yurognes, les
fait deuenir au deffous de la
befte. La femme n'eftant en-
cline à ce vice, retient toû-
jours la raifon & ne ternit iamais la beauté de l'image de

Dieu & de sa nature.

Cette vertu de sobrieté tiét
ces autres attachées à la féme
a mansuetude, l'affabilité, la
modestie, la pudeur. Ces 2.
dernieres sont les vrayes gar-
des de l'honneur: ce sont-elles
qui en en ouurent la porte, &
sans lesquelles l'on n'en peut
approcher. Et bien que ce ne
soit qu'autant de demies vertus, toutesfois le defaut d'i-
celles en l'homme forme vn
vice entier, qui est l'effronte-
rie à ne point auoir, comme
elles ont l'horreur & l'auer-
sion du vice & du peché.

Ce n'est pas estre parmy

les hómes bon compagnon, ſi
l'on n'eſt laſcif & impudique,
& ſi l'on ne ſçait bien boire.
Ce n'eſt pas bien ſçauoir ſon
monde, ſi l'on n'eſt effronté,
petulent, temeraire & inſo-
lent. La pieté, la religion, la
modeſtie & la ſageſſe eſt le
propre des Dames. La pluſ-
part des hommes font des
trophées de leurs vices, &
pretendent s'en acquerir des
loüanges, ils eſtabliſſent le
plus haut point de leur gloire
à bien porter vn coup d'eſto-
cade; & d'hommes raiſonna-
bles tranſportez d'vne fureur
plus que brutale, ſe portent

sur le pré pour se couper la gorge, & parmy eux, c'est le crime le plus noir de pardonner vne offence, & de mettre en pratique la charité, la clemence, la bonté, la pitié, la misericorde : tous ces beaux attributs diuins sont comme en propre aux femmes. Malheureux! que dires-vous, quand vous pensez noircir d'iniure celuy que vous dites parmy vous autres estre vn effeminé, c'est la plus haute loüange bien entenduë que luy pouuez donner. La vertu de ce beau sexe desplaist à vos yeux, & lors qu'el-

est au deſſus de vos atteintes,
l'enuie, la mediſance & voſtre
malice donnent des iniures
& employe toutes ſortes
d'artifices & d'adreſſes pour
la perdre. Les hommes eſ-
changét toutes les vertus des
femmes en autant de deffauts
& en font des vices, ou du
moins taſchent à leur en donner la couleur, mais pour cela
ils n'en changent pas l'eſſence.

Leur modeſtie eſt foibleſſe,
leur douceur & clemence eſt
baſſeſſe de cœur ; leur tran-
quilité pareſſe ; leur chaſteté
& continence n'eſt que par
crainte

crainte & apprehenſion du
deshonneur & du ſcandale;
leur amour eſt diſſimulation,
Leur pieté, bigoterie, leur
ingenuité, trahiſon.

Au contraire ces hommes
font de leurs vices tout autant
de vertus, leur cruauté eſt
vaillance; leur temerité, courage; leur impudicité gentil-
leſſe; leurs tromperies, adreſ-
ſe d'eſprit; leurs profuſions,
liberalité; leur auarice bon
meſnage; leurs depredations,
bonne guerre; leurs rapines,
habileté. Et leurs violences
ſur leurs femmes, droit &
iuſtice.

XV. Voyez-vous autant de femmes, comme il y a de volleurs sur les grands chemins ! la mer est-elle couuerte de corsaires femelles & de pyrates de ce mesme sexe? Voit-on ces belles mains fœminines rougies du sang de tant de meurtres & d'assassinats comme sont les vostres? Font-elles autant de faussetez aux contracts, aux testamens & en tous autres actes tant priuez que publics? Les filles souhaitent-elles impatiemment la mort de leurs peres, pour auoir plus promptement leurs heritages? Et voit-

on des sœurs retenir, vsurper
& enuahir les parts & por-
tions de leurs freres ? Combien d'hommes retentionnai-
res du bien de simples veuf-
ves ? Combien de Medecins
empoisonneurs, de faux tes-
moins, faux monnoyeurs, de
falsificateurs de Sceaux ? Les
femmes commettent-elles
des simonies ? Sont-elles
Chefs d'heresie & de schif-
mes ? Se font-elles aussi Chefs
de party, de trouble & de
reuolte ? Se portent-elles à
faire des depredations, des
rapts, violemens & des crimes encor plus énormes

que ie ne nomme point , de peur d'aprendre à ces belles ames candides & innocentes des pechez qui leur sont iusques à present incónus. Ie ne parle pas des crimes enormes, de ces sanglans effets que la guerre produit par les hommes. Tant de cruautez , de barbaries , d'inhumanitez , & de malheurs, tant de carnages dans ces grandes boucheries de chair humaine, dont les hommes sont les bourreaux.

Quoy ? faut-il que ce beau sexe aye toutes les vertus en partage, & qu'à peine vous

trouuiez en elles quelques
legeres defectuositez, dont
vous-mesmes n'estes pas auf-
si exempts, & auec ce faut-il
que vous soyez noircis de
tous les plus grans crimes?
Vous ne pouuez leur souffrir
de iurer par leur foy, pour af-
seurer la verité dans leurs belles bouches; lors que les vostres impies brauent le Tout-
puissant par leurs blasphe-
mes, & ne reputent la Religion & la foy que pour les
femmes & pour le peuple.
Aussi ce premier Createur
s'est-il vne fois repenty d'a-
uoir fait l'homme, lequel

pour couurir aucunement ſa honte, veut faire croire la femme eſtre auſſi compriſe en ſon nom,

XVI. Ceux qui tiennent le party des hommes, iugeant en leur propre cauſe, apuyent leur gloire & leur preéminence audeſſus des femmes ſur ces raiſonnemens; leſquels il eſt auſſi facile de deſtruire, comme il a eſté de prouuer qu'elles ſurpaſſent l'homme en la beauté du corps & de l'eſprit, & en la bonté de l'a-me.

Ces critiques ſont en pre-mier lieu ſi temeraires de dire

que la femme est vn animal
imparfait , incapable des
grandes actions, susceptible
de celles de petite valeur &
de peu d'importance , à l'es-
gard des faits heroïques qui
sont propres & conuenables
à l'homme. Ils adioustent
que la nature tend tousiours
à plus grande perfection. De
sorte (disent-ils) si elle pouuoit, elle produiroit toujours
des masles , & n'est que par
vn deffaut de puissance qu'elle engendre la femmelle.

Comme ces objections
peuuent surprendre d'abord,
& laisser quelque impression

auxefprits foibles,il eft à pro-
pos d'y refpondre vn peu
plus profondement , en les
fondant iufques aux princi-
pes de la Philofophie,qui font
voir que c'eft vne mauuaife
raifon de dire , que la femmelle eft vn ouurage imparfait de la nature. Car comme vne fubftance ne peut pas
eftre plus fubftance que l'autre quãt à l'effence. Vn homme n'eft point plus homme
qu'vn autre homme, & par
confequent cette nature humaine mafle & femmelle
n'eft pas plus parfaite l'vne
que l'autre quant à l'effence,

& en ce qu'ils different de sexe, ce n'est que par accident,
& non pas essentiellement.
Or ces accidents ne peuuent
consister qu'au corps ou en
l'ame. Si au corps , nous
auons prouué que la femme
surpasse l'homme en la beauté corporelle. Car pour estre
l'homme plus grand, plus dis-
pos, plus fort , plus laborieux
& robuste , tout cela ne luy
peut pas tourner à grande
gloire, puis qu'en tous ces attributs il y est luy-mesme sur-
monté par l'elephant, le lyon,
le cheual , le taureau & plusieurs autres animaux. Et en-

tre les hommes mesmes ce
n'est pas vne bien grande perfection. Le paysan est plus
fort & robuste que le gentil-
homme. Si en l'esprit, les
Theologiens & les Mede-
cins demeurent d'accord que
l'ame de l'homme & de la
femme sont sans aucune di-
stinction ny difference de sexe. Et pour ce qui est des fon-
ctions de l'ame & de l'esprit,
il a esté iustifié cy-dessus que
la femme a la mesme capaci-
té que l'hóme pour comprendre toutes les sciences, dont
la tyrannie des hommes les
ont priuées, & quant aux dós
& perfections d'vne bonne

ame, qu'elles y excellent par
deſſus l'homme.

Les femmes ne ſont point
produites par hazard, ny par
defaut de nature, mais dans
vne fin tres-neceſſaire, & ſeroit le plus grand defaut qui
pourroit aduenir en la nature, ſi elle ne produiſoit que
des hommes. Le monde ſe
verroit languir & perir. Sa
vieilleſſe & decrepitude luy
ſeroit affreuſe, là où par le
moyen de la femme il ſe re-
nouuelle & rajeunit ſans ceſſe, & eſt rendu par elle per-
durable & immortel. S'il n'y
auoit que des hommes, il ſeroit deſtitué de ſes beautez

les plus exquiſes, & des plaiſirs les plus doux de la natu-re. Ainſi les femmes eſtans auſſi parfaites en la ſubſtance que l'homme, & les ſurpaſſantés accidens de la beauté & de la bonté, tant du corps que de l'ame, il ne ſe peut pas dire que les hommes les ſurpaſſent en perfection. Et pource que le ſexe tout ſeul de l'homme demonſtre im-perfection, ces anciés Theologiés attribuent l'vn & l'autre à Dieu. D'où vient qu'Orphée diſoit Iupiter le ſouuerain de leurs Dieux eſtre mâle & femelle. Et les Poëtes parlans de leurs diuinitez, confondent d'ordinaire le sexe, & le plus souuent font les diuinitez feminines.

XVII. Pour deuxiesme obiection, ces sourcilleux Critiques disent, que l'homme represente la forme, la femme la matiere. Et comme ces deux ne peuuent estre l'vne sans l'autre, la forme ne laisse pas d'estre plus noble que la matiere. Le Soleil attribué à l'homme, plus excellent que la Lune à la femme. Adjoustent, que pour tesmoignage de cette plus grãde perfection de l'homme, c'eſt que toutes les femmes deſireroient volontiers eſtre hommes, comme aſpirans par vn inſtinct naturel à la perfection, & ſouhaittent auſſi pluſtoſt enfanter des garçons que des filles. Que nul homme au contraire ne deſire eſtre femme. Et diſent encore ces Imaginaires, que la fille ayme touſiours celuy qui l'a renduë femme, à cauſe qu'il l'a fait participer à ſa perfection. Et à l'égard de l'homme, qu'il en eſt du contraire, ayant en auerſion la femme qui luy a fait perdre ſa premiere fleur, comme

luy ayant aucunement faiɛ contracter son imperfection.

Ces gens pésent dire beau-coup quand ils parlent dans les termes de l'art & de l'es-chole, & toutesfois ils ne di-sent pas grand' chose : Car quant à cette comparaison de la matiere & de la forme, elle ne conclud rien contre les Dames. Dautant que la femme n'est pas renduë par-faite par l'homme, com-me la matiere l'est par la forme, pource que la ma-tiere perçoit son estre par la forme, & sans elle ne peut

pas subsister. Mais la femme
ne reçoit pas son estre de
l'homme, ains comme elle
est renduë parfaite de luy,
aussi est-il rendu parfait par
le moyen d'icelle, & partant
viennent à engendrer ensemble, ce que l'homme ne peut
pas sans elle.

Quant à la comparaison
du Soleil attribué à l'homme, & la Lune moindre à la
femme, cela n'est que par
trop visionnaire, & pris de
si haut que l'on n'y peut atteindre.

Que si les femmes desirent
assez souuent d'estre hômes,

ce n'eſt pas qu'elles ſe croyent plus imparfaites , mais c'eſt pour ſe liberer de la ſujection & tyrannie, à quoy les hommes par leurs violences & leur domination les ont aſſujetties.

Et pour ce qui eſt de l'amour qu'elles conſeruent pour celuy qui les a deflorées, & l'homme au contraire ; il n'y a point d'autre cauſe , ſinon que l'homme chaud & boüillant ſe plaiſt à la diuerſité & au change, là ou la femme plus conſtante en ſes affections , comme plus retenuë & moderée en ſes deſirs, ne

F

se depart pas si legerement
d'vn amour legitime, & a
tousiours pour objet vneuer-
tueuse continence, & l'homme au contraire se laisse aller
facilement au vice, où il est
de sa nature bien plus enclin
qu'à la vertu.

VIII. De cette derniere
response, ils font encor vne
troisiesme objection contre
la perfection des Dames, &
disent que la qualité de la chaleur attribuée à l'homme,
vaut beaucoup mieux que la
complexion froide de la femme, pource que l'vne est bien
plus excellente que l'autre.

Le chaud est actif & produ-
ctif. Les Cieux ne donnent
d'autres influences que la
chaleur & non le froid, qui
n'entre point és œuures de la
nature. Et c'est pourquoi cette froideur (disent ces pau-
ures Philosophes naturali-
stes) est cause de la timidité &
du peu de courage & vaillance des femmes.

A quoy leur est respondu
qu'il est bien vray que la chaleur de soy est plus parfaite
que la froideur , mais cela
n'est pas absolument & ne-
cessairement vray és choses
mixtes & composées. Car si

cela estoit ainsi, le moineau
ou les conins seroiét plus parfaits que les hommes, làou au
contraire les corps les plus
réperez sontles plus parfaits.
Or la femme approche bien
plus de cette bonne & loüable temperature, ce qui la
doit faire reputer d'autant
plus parfaite au dessus de
l'homme, que celuy-cy en
vne parfaite santé, est plus
parfait que celuy qui brusle
dans les ardeurs & les accez
d'vne fievre chaude.

Quant à la chaleur que les
Cieux influent sur nous, elle
est equiuoque au sens du pre-

sent discours, attendu qu'elle garde toutes choses au dessous de la Lune tant chaudes
que froides, & partant elle
ne peut pas estre contraire au
froid. Et bien que la naturelle
timidité des femmes semble
faire paroistre quelque sorte
d'imperfection en elles. Cela
toutesfois prouiét d'vne cause loüable, qui est la subtilité
& promptitude des esprits,
lesquels representent tout su-
bitement les especes à leur intellect, & pour ce elles fremis-
sent & se troublent facilement par les choses externes.
Il y a des hommes tout à fait

stupides , qui n'ont peur de la
mort, vont aux supplices en
riant, ou comme estourdis,
& pour cela ne doiuent pas
estre reputez hardis ny vaillants , dautant que leur stu-
pidité procede d'vn manque-
ment d'esprit & de connoissance. Vn fou, vn frenetique,
vn furieux ne peuuent pas
estre dits gens de cœur &
vaillans. Dautant que desti-
tuez comme ils sont, d'enten-
dement, ils ne peuuent produire des actions de magnanimité, qui prouiennent d'v-
ne propre deliberation &
connoissance du peril & de

l'euenement , en sorte que les
sentimés ne soient épouuen-
tez , mais fassent leur deuoir
pour laisser discourir, preuoir
& penser tout ce qui peut ad-
nenir. Or la femme aussi bien
que l'homme est capable de
cela , & la preuue en resulte
de ces guerrieres Amazones,
de ces ieunes pucelles marty-
res , qui ont refulé des cou-
ronnes , de ces courageuses
Princesses, de ces genereuses
amantes , & de tant de chastes & fidelles femmes , qui
ont aux siecles passez lors du
trespas de leurs marys,& que
cela leur estoit permis,hono-

ré leurs buſchers & leurs foſ-
ſes de leurs belles perſonnes,
qu'elles ont meſlées auec celuy dont elles n'aprehendoiét
plus la preſence ny aucun de
ſes reproches. Le fait d'Arria
à Petus ſon mary, & celuy de
Pompeia Paulina à Seneque.
Comme encor celuy de cette
femme forte la Comteſſe de
Forly contre ſes ſuiets reuol-
tez, monſtrent aſſez qu'il ne
s'en voit point de plus heroïques parmy les hommes les
plus genereux & illuſtres.

XIX. Elles ſont ambitieu-
ſes (dites-vous.) C'eſt vne

passion assez souuent loüable, & és Dames elle n'est que gentille & honneste. Leur petite ambition mondaine n'est pas criminelle comme est la vostre. La leur ne va qu'à ce qui est des ballets, des habits, des bijouts, des ameublemens, & à paroistre belle & se faire aimer : mais leur principale ambition est d'estre chastes & vertueuses, & à estre tenuës pourtelles, aussi bien és yeux du monde, côme elles le sont deuant Dieu. La vostre n'a pour but, qu'à vous faire redouter & craindre, & n'a pour objet que le feu, le fang, le carnage & la guerre.

XX. Ils imputent encore aux Dames qu'elles ne font deftournées de l'incontinence, que par la honte & le fcandale de deuenir groffes, ou par la crainte de leurs maris, & qu'elles font autant & plus defireufes du plaifir de l'amour que les hommes.

A quoy l'on refpond que fi les hommes eftoient naturellement plus vertueux que les femmes, ils fe pourroient plus aifement maintenir en cette vertu de continéce : car ils ne font follicitez par elles,

ſi ce n'eſtoit par des publi-
ques, dont les attraits ne font
aucune impreſſion ſur les
gens d'honneur. Et l'injuſti-
ce de l'homme, & l'authorité qu'il a vſurpée ſur elles, va
iuſques à tel point d'inſolen-
ce, de faire paſſer pour ga-
lanterie en eux, ce qu'ils imputent à la femme, pour vn
grand crime, dont ils veulét
qu'elles ſoient chaſtiées comme infames.

Que ſi les femmes ſont plus
enclines naturellement aux
appetits ſenſuels, & que le
iugement de Thireſias entre
Iupiter & Iunon ſoit vray,

s'abſtenans , comme elles font de ce plaiſir , il faut que elles ſoient doües d'vne bien plus grande vertu que l'homme. Que ſi c'eſt par honte, c'eſt au lieu d'vne vertu leur en attribuer d'eux : car la honte peut plus ſur elles que l'appetit ſenſuel.

XXI. Enfin ils reprochent aux Dames, que ſelon les ſacrées pages il eſt dic, Que l'iniquité de l'homme vaut mieux que le bien-fait de la femme.

Ces gens donnant vn ſens contraire à celuy de l'Eſcriture, penſent faire croire le

contraire dans ſon contraire, la lumiere dans les tene-
bres , & la chaleur dans la
glace. Car ce n'eſt pas moins
que s'ils diſoient , le bien a
plus de rapport au mal qu'au
bien, la vertu au vice , & le
blanc eſt auec le noir. Ainſi
le ſens de l'Eſcriture eſt alle-
gorique en ce paſſage, & reçoit vne interpretation qui
ſe conuertit encore à l'honneur de la femme. Car comme dans la meſme Eſcriture
il eſt dit , Que les Anges ſe
réjouyſſent beaucoup plus
dans le Ciel d'vn pecheur
qui ſe conuertit , que de la

perseuerance de cent iustes
qui cheminent dans les droi-
tes voyes. Il en est de mesme
de l'iniquité de l'homme, lequel par la peruersité de sa
nature est enclin à tout mal,
lors qu'il vient à eschanger
son iniquité naturelle en la
vertu, cela est plus agreable à
Dieu, que la bonté naturelle
de la femme , laquelle suit
cette mesme vertu par son
propre instinct. Car l'homme en deuenāt bon fait deux
actions. L'vne en ce qu'il
quitte le vice, & l'autre qui
le fait entrer dans le chemin
de la vertu. Et l'on sçait d'or-

dinaire bien plus de gré à vn meschant qui fait vne bonne action, qu'à vn vertueux qui en fait inceſſamment de ſemblables. Mais comme cette probité en l'homme ne luy aduient que par accident, elle n'eſt pas comparable à celle de la femme, laquelle eſt douëe naturellement d'vne probité qui luy eſt eſſentielle, où elle a la vertu de ſe retenir bié plus cóſtamment. Car ce qui eſt bon de ſa nature vaut mieux que ce qui n'eſt bon que par participation & accidentellement. Pour bien faire, la femme ſuit ſimple-

ment la bonté de sa nature,
& tire plus d'aduantage de
l'ignorance du vice, que les
hommes n'en ont de la con-
noiſſance de la vertu.

XXII. Ces choſes ainſi
clairement demonſtrées, que
la femme excelle par deſſus
l'homme en beauté, en bonté, en vertu & en merite. Il
reſte à examiner lequel des
deux eſt le plus neceſſaire &
le plus vtile au monde. Car
les choſes les plus belles &
excellentes, ne ſont pas au-
cunefois les plus vtiles & neceſſaires. Les diamans & les
perles ſont moins requis &

neceſ-

neceſſaires que les grains de bled & les gouttes d'eau d'vne claire fontaine. Et faiſant voir que les femmes ſont encore plus requiſes & neceſſaires au monde, que ne ſont pas les hommes. C'eſt mettre les beautez & les perfections de leur ſexe au iuſte prix de ſon merite, par deſſus celuy-là des hommes.

XXIII. Cette vtilité & neceſſité ſe peut reſtraindre à ces trois principales conſiderations, à ſçauoir, à la creation, au gouuernement, & au plaiſir de la vie, tout ce qui peut eſtre dit & deſiré d'ailleurs , est r'enclos dans ces trois sortes de biens.

XXIV.   Premierement, pour ce qui est de la creation il est facile de faire voir que la femme a esté produite par la nature dans vne fin qui luy est plus necessaire que l'homme. Cetuy-cy ne peut rien de luy seul, la femme est tout autrement capable de contribuer de sa part à ce haut chef-d'œuure de la nature.

Il y a des visionnaires qui tiennent que si vne espece, ou l'vn des sexes de la mesme espece, venoit à manquer , le Soleil agissant sur quelque

matiere qui auroit la difpofi-
tion plus proche & conuenable à fon operation , engen-
dreroit de luy feul la mefme
efpece qui feroit perie,& ainfi la reftabliroit dans le monde , pour puis apres y eftre
continuée par fon ayde, en
cooperant auec plus de facili-
té, que de luy feul auec cette
mefme efpece qu'il auroit re-
mife en vie. Or il eft facile de
conceuoir (fi telle opinion
eftoit admisfible) que la féme feroit bien plus propre &
conuenable au Soleil pour
telle operation que ne feroit
pas l'homme. Dautant que

G ij

le ſexe de la femme a des qualitez & des parties bien plus
propres & conuenables à la
creation. Mais en laiſſant à
part ces opinions ſi ſublimes,
examinons celles qui nous
ſont plus ſenſibles & connues.
& voyons lequel des deux
l'homme ou la femme contribuë dauantage par les voyes
ordinaires & naturelles à la
creation & propagation du
genre humain.

XXV. Il y a eu des fous qui
ont attribué à l'homme ſeul
auec le Soleil la generation
de l'eſpece humaine , & ont
dit que la femme n'y coope-

roit en rien, & n'estoit qu'vn
vase propre à la conserua-
tion & entretien de la creature. Que le pere estoit seul
l'autheur de la generation. &
que la mere n'y contribuoit
rien du sien, & ne seruoit que
pour le lieu & l'aliment, con-
cluant par là, que le pere
estoit seul le createur & la
mere l'hostesse; & c'est pourquoy ils estimoient qu'il n'y
a point de bastards.   Mais
cette opinion a esté refutée
par les plus sçauants Medecins, lesquels par les princi-
pes de leur science, & par des
raisons inuincibles demon-

ftrent que l'homme & la femme concurrent & contribuét
l'vn & l'autre à la generation.
Et tiennent que ce qui eſt en
la femme eſt ſouuentesfois
plus efficace que ce qui eſt en
l'homme, & quand il aduient
ainſi , elle fait la generation,
& ce qui eſt du mary ne ſert
que d'aliment. Et adiouſtent
que les enfans des hommes
ſages, ſe font quaſi toujours
de ce qui eſt en leurs meres.
Cela preſuppoſé (comme il
eſt vray) il reſte à faire voir
lequel des deux y contribuë
d'auantage, & eſt plus necef-
ſaire à la façon & perfection

de ce bel ouurage.

Deux Sculpteurs affociez qui dans le commun deffein de faire vne belle ftatuë, au- roient auffi à communs frais mis la chaux ou l'allebaftre en place propre & côuenable pour cela , pourroient bien eftre confiderez les autheurs en commun de leur deffein. Mais celuy des deux qui auec grand trauail donneroit puis apres la forme à cette pre- miere matiere encor cruë & informe, qui feroit le relief, les creux, les entailles & les enfondremens de la ftatuë , à laquelle par fon art & fon ou-

urage, il auroit donné l'eſtre
& les perfections, que la nature auoit miſes au ſubiet ani-
mé. Il eſt vray de dire que celuy-cy de ces deux ſtatuaires
feroit tout autrement conſide-
ré que ſon compagnon , lequel n'y auroit contribué tant
ſeulement que de la moitié
de la matiere qui auroit ſeruy
à la formation de cette belle
image. Le meſme ſe peut penſer de ce couple maſle & femelle en la creation de leurs
ſemblables. Là où l'homme
y contribuë ſeulement de ſa
part de ce qui eſt en luy, comme auſſi la femme y met du

sien. Mais puis apres c'est d'elle seule de qui depend l'estre
& la perfection de l'œuure. La
conformation se fait par elle
seule, auec les influences du
Ciel. Elle vnit cette matiere
cruë ensemble, d'ou s'ensuit la
conception, puis apres elle la
cuit, l'espaissit & la change en
masse de chair & de sang informe, puis elle bastit le corps
en gros, compose les trois
plus nobles & heroïques parties, le foye, le cœur & le
cerueau; apres elle acheue, elle
articule, organise & rend cette matiere preparée à sa forme susceptible de l'ame, puis

apres y auoir mis les derniers
traits de fa creation, elle produit fon ouurage au iour. Ce
n'eft pas encores affez, & de
fon trauail elle n'en auroit pas
long-temps la ioye, la poffeffion & la gloire, s'il n'y auoit
que l'ayde de l'homme pour
le fouftenir. Il n'y peut rien du
tout, & bien qu'il y prenne
grand part, fi eft-ce qu'il eft
incapable de fe le conferuer,
fans la femme, laquelle apres
auoir fait tout cétouurage en
elle-mefme & en fecret, def-
couure fes mamelles, & de
fon propre fang purifié &
blanchy, nourrit & efleue

cette ieune plante, laquelle
elle rend capable de produire
tant de belles actions dans le
monde. Voulez-vous dire
apres tout cela, Meſſieurs,
que vous ſoyez les autheurs
ſeuls de la creation du plus
noble & plus parfait chef-
d'œuure de la nature? Et pour
n'y auoir pas ſeulement pen-
ſé, lors que pour contenter
vos brutaux appetits, vous
auez ſeruy d'inſtrument à la
femme. Donnerez-vous la
gloire au rabot d'auoir for-
mé ce bel image? ou rendrez-
vous le laboureur qui reſpand
la ſemence, plus que la terre

qui la fait germer.

Il faut donc conclure que la mere n'eſt plus ſeulement l'hoſteſſe, comme vous la dites, mais que c'eſt elle qui repreſentant la Nature & la Diuinité, fait & cree ce qu'il y a de plus beau dans le monde. Et ne faut point que vous reprochiez aux femmes que tout leur ouurage conſiſte en la peine & au trauail, dont l'homme comme plus noble & plus digne eſt diſpenſé par la nature. Car la peine & le trauail ſert de matiere aux actions les plus heroïques & vertueuſes, & n'eſt pas l'aiſe

& le plaisir qui les produit. Et
la femme doit remporter la
gloire de l'ornement, propagation , & immortalité du
monde, comme l'homme le
blasme & le reproche de le
perdre & le destruire par les
meurtres , les guerres & ces
horribles saignées qu'il fait au
genre humain.

XXVI Quant au gouuer-
nement les Dames sont toutes
tes nées pour commander.
Leurs perfectiōs & leurs vertus leur donnent ce droit legitime, & n'y a que la force
& la tyrannie des hommes
qui leur ayt fait vsurper sur

elles. Toutes choſes par leur
fin naturelle tendent toû-
jours au bien. Ainſi il eſt tres-
facile de faire voir , que ſous
la domination des Dames il
n'y auroit que tout bon-heur
dans le monde.

La nature nous enſeigne
la premiere que c'eſt à la femelle, comme à celle qui tiét
beaucoup plus de la meſme
nature à regir & comman-
der, & que les maſles ne ſont
que pour la ſeruir & obeyr
à ſes ordres. Cela ſe voit en
tous les animaux où la femelle auec la nature accom-
plit l'œuure de la creation de

chacune des especes qu'elle
met en sa perfection, en quoy
le masle ne contribue que fort
peu , & pendant que la femelle regne absolument dans
sa taniere ou dans son nid, le
masle n'a d'autre employ
qu'à la seruir & luy apporter
tout ce que la femelle luy in-
dique, & commande de faire,
& est sujet d'aller roder par
tout à la queste, & passer sa
vie dans la seruitude. Les
femelles en toute sorte d'especes regnent & viuent sans
crainte de tous les mâles, &
les plus farousches d'entr'eux
se retiennent dans vn tel res-

pect enuers elles, que nul dans
les plus furieux esguillons
de sa colere , ne seuit iamais
contre aucune de ses mai-
stresses. La lyonne ne craint
point les rugissements des
lyons; La louue vit en toute
seureté dans les plus horribles heurlemens des loups:
La chaleur du taureau pic-
qué iusques au sang n'eston-
ne point la genisse par ses
meuglemens : Le tygre dans
la fureur où il entre aux har-
monieux tons de la musi-
que, ne descharge iamais sa
colere sur la femelle : Le
sanglier suit & se rãge hum-
ble-

blement dans le repaire des
laïes: Le cocq le cede à toutes
ses poules , & leur quitte le
meilleur grain qu'il a desia
dans le bec , quand l'vne d'elles le veut auoir : L'aigle do-
mine absolument sur les ai-
glons , & sans le congé du
pere , les exposant au Sole
qui a aydé à leur création , si
elle ne les trouue dignes de
son amour, comme elle leur
a dóné la vie , elle les precipi-
te imperieusement dans les
abysmes : Et les Alcions regnent en toute asseurance
dans leurs nids, aussi bien contre les flots & les vagues de la

mér, que contre l'entreprise
que leurs maſles pourroient
faire ſur leur authorité. Enfin toutes les eſpeces des animaux, tant du Ciel, de la
terre, que des eaux, ne ſont
iamais offencées par les maſles de leur meſme eſpece. De
ſorte que quand l'homme en
tranſgreſſant inſolemment
ces beaux preceptes de la nature, vient à porter ſes mains
aſſaſſines ſur la femme, ce
n'eſt plus vn homme, mais
ſous la reſſemblance humaine, c'eſt vn demon ſorty du
plus creux des enfers. Et ce
qui demonſtre encores en

l'espece raisonnable , aussi
bien qu'en tous les animaux,
que la femme est née pour
conduire & gouuerner, c'est
que la nature fait voir en elles
par aduance , & beaucoup
plustost qu'aux masles, la raison & la science de conduire
leurs maisons , esleuer leurs
enfans & les pere & mere
d'vn cõmun accord donnent
bien plustost l'intendance de
leurs mesnages à leurs filles,
comme bien plus capables,
qu'ils ne font pas à leurs fils
qui seroient d'vn méme aage.

XXVII. L'œconomie
& la politique ont vn tel rap-

port l'vne à l'autre , que qui-
conque est tres-habile à bien
gouuerner sa maison & sa famille , le peut estre au gouuernement d'vn estat & de la
Republique. Or comme il se
rencontre beaucoup plus de
meschants & desbauchez
marys, qu'il n'est pas de mauuaises femmes , & que les
hommes sont d'ordinaire
plus vitieux , plus prodigues,
& enclins au jeu, à la desbau-
che de toutes façons , aux
querelles & à vne infinité
d'autres mauuaises actions,
qui forment les procez , &
attirent auec eux la mauuaise

humeur, le chagrin, la deſ-
penſe & la ruine des meilleures maiſons, il eſt certain que
quand la femme a la dire-
ction de ſa maiſon & de ſa
famille, & que le mary s'en
deſcharge entierement ſur elle, tout y va beaucoup mieux,
que ſi le mary auoit le manie-
ment abſolu des reuenus,
qu'il prodigueroit bien plus
facilement que ſa femme, au
ieu & à toute autre deſpence. Car la femme eſtant d'vn
temperament plus moderé,
elle ſe retient bié pluſtoſt dãs
la mediocrité que ne fait pas
le mary, qui d'vne humeur

plus ſeiche & boüillante ſe
laiſſe aller aux extremitez de
l'auarice ou de la prodigalité.
Cette verité eſt tres-apparen-
te, ſi l'on vient à conſiderer
qu'il y a bien plus de maiſons
ruinées par la deſpence des
marys & de leurs fils, ſoit à la
guerre, à la chaſſe, au jeu, par
leurs amourettes, par l'yuro-
gnerie, par leurs querelles,
leurs procez & autres mau-
uaiſes actions, à quoy leurs
femmes & leurs filles ne ſont
que tres-rarement enclines,
& conſequemment l'on en
voit peu qui ſoient coupables
de ces deſordres.

XXVIII. Que s'il eſt ainſi
comme il eſt vray, que les
femmes par ces raiſons,
ſoient plus capables d'vne
meileure conduite & plus
heureuſe adminiſtration dãs
l'œconomie priuée. Il s'enſuit
qu'eſtans eſleuées dans le
throſne de la domination
d'vn Eſtat, elles ſont auſſi
plus capables de bien regir &
gouuerner leurs peuples, &
y entretenir la paix & la douceur, au lieu que l'impetuoſi-
té du courage des domina-
teurs y met d'ordinaire tout
en trouble, & y fait reſſentir par la guerre toute ſorte
de maux.   H iiij

Et bien que tous les anciens autheurs ayent esté fort retenus à publier les vertus & le merite du sexe des Dames, & que la domination ne leur ayt esté que tres-rarement commise, neantmoins dans ce peu qui l'ont euë, l'on y voit de si beaux exemples, soit dans l'antiquité, ou dans le temps present, qu'il faut que les plus critiques & ennemis de ce beau sexe, aduouent qu'il ne se trouue point de regnes plus heureux ny plus doux, qu'a esté celuy de ces grandes Princesses.

Ce seroit icy s'estendre par

trop d'en vouloir rapporter
tous les exemples, il suffit de
reprefenter que tant qu'Agri-
pine eut l'authorité & le gouuernement de l'eftat Romain,
l'on n'y vid pas les cruautez
& la tyrannie de fon fils Ne-
ron. Et la Reine Semiramis
fçeut beaucoup mieux re-
gner & auec bien plus de
prudence & d'authorité que
Ninus fon mary. Mamea me-
re d'Alexandre Seuere Em-
pereur, donna vne fi belle
education à fon fils, que du-
rant tout fon regne l'on ne
vid iamais ny croix ny gib-
bets. Et Cornelie Romaine

ne voulut remporter d'autre
gloire de l'heureuse admini-
stration qu'elle eut de l'Estat,
& des belles instructions
qu'elle donna à ses deux fils,
sinon la qualité de mere des
Gracques, Princes accom-
plis de toutes les belles vertus
pour bien regir & comman-
der.

Et sans penetrer si auant
dans l'Antiquité, ne voyons-
nous pas parmy nous dans
les siecles plus recens, comme Blanche de Castille, mere de Louys I X. Roy de Frã-
ce, par ses belles vertus, & ses
beaux exemples, fit de son

fils vn grand Saint & vn grand Monarque.

Et ne iouyſſons-nous pas encore à preſent, par les meſmes vertus de celle qui eſt de la meſme maiſon (la plus grande Dame du monde) de la meſme douceur & felicité dans le regne de ſon fils, dont il ne nous faut point rechercher d'autre preuue plus ſenſible, que les effets de ſa pieté, de ſa douceur, & de ſa clemence, dont elle a vſé par vne fauorable amniſtie, ſans le moindre chaſtiment ny reſſentiment de toutes ces dernieres reuoltes: là où vn

Roy majeur vſant de ſon authorité auec plus de violence,
euſt fait reſſentir auec Iuſtice les effets de ſa colere, &
de ſa puiſſance. Dans ce tẽps
de trouble, cette bonne Prin-
ceſſe n'a verſé que des pleurs
& des larmes de compaſſion
& de pitié pour ſon peuple,
là où vne autre domination
plus ſeuere n'euſt reſpandu
que des foudres.

XXIX. De la douceur &
bonté du gouuernement des
Dames, il eſt facile de faire
voir, que ſous leur puiſſance
& leur authorité, la vie ne
ſeroit plus que plaiſirs.

Depuis l'aage d'or , qui
estoit celuy de paix & d'a-
mour, la violence & la guerre, comme deux plantes ve-
neneuses & sauuages, se sont
leuées au trauers la vie humaine, cultiuées par les hommes auec vne si importune
fecōdité , qu'elles offusquent
& estouffent les plus agreables fleurs , & tous les deli-
cieux fruits que l'on souloit
cüeillir dans ce pacifique cō-
merce & l'aimable societé
des Dames. De sorte que si
ces belles laboureuses n'e-
stoient plus au monde, pour
extirper tant qu'elles peuuent

par leurs diuins latraits, &
leurs vertus exéplaires, cette
mauuaise engeance, ce beau
champ de dela terre, deuien-
droit enfin desert & desolé.

Au lieu de la guerre, & de
tous ces grands carnages. Au
lieu de toutes ces horribles &
espouuantables boucheries
de chair humaine, l'om iouy-
roit de la douceur d'vne profonde paix dans tous les
Estats du monde. Le fer ne
seruiroit plus que pour la
structure des beaux Palais.
Les armes à feu ne seroient
plus employées qu'à la chasse
contre les bestes. Et les Sol-

dats deuenus Gibeeurs, ne
feroient plus d'autres depredations que dans les Forefts,
& ne raporteroient plus d'autres proyes, & dépoüilles que
fur la table de leurs maiftreffes. Ces groffes machines
meurtrieres feroient abolies
& hors d'vfage, comme font
à prefet ces gros beliers d'Ar-
chimede. L'on ne verroit plus
appliquer l'or fur d'autres armes que fur le fer des lances.
quiferoiét emploïéespar bra-
uade aux iouftes & aux tour-
nois. Et l'horreur des funeftes
batailles ne fe verroient plus
qu'en peinture, ou tiffuës à l'e-

guille sur de beaux chefs-
d'œuures de tapisseries, que
le loisir des Dames leur feroit
faire dans leur passe-temps.
Le bruit des tambours & le
triste éclat des trompettes ne
troubleroient plus le calme
de l'air de la campagne, & le
repos des villageois ne seroit
plus interrompu que par les
jeux & les dances au son melodieux de la musette. Le
Berger auec sa Bergere dans
le frais d'vn vallon, traittans
de leurs amourettes en toute
seureté, n'auroient plus d'autre soin que de preseruer leurs
aigneaux de la gueulle des
loups

loûps, & ne craindroient plus la violence des voleurs ny des soldats.

Dans les Villes la pieté & l'amour sans s'entrechoquer & se destruire l'vn l'autre, y seroient pratiquées dans le supreme degré de perfection, & tous les plaisirs dans la moderation requise, estants licites & permis, ne viendroient iamais à dégoust, & ne produiroient plus tant de malheurs. La religion y paroistroit en son lustre, & tous les hommes pour se rendre aymables & bien venus parmy les Dames, seroient re-

I

tenus par la pudeur & la modestie dãs les inclinations naturelles de leurs Maistresses.
Pour ce qui est de l'humain la
douceur, la ciuilité, la cour-
toisie, qui sont les proprietez
des Dames, occuperoient la
place des procez, & des querelles. La rustaude seuerité
pedantesque se verroit abo-
lie. L'on n'obeyroit plus par
crainte mais par amour. Et
les plus grands supplices ne
seroient autres que de se voir
les coupables banis pour
quelques iours de la douceur
des œillades de leurs belles Maistresses. La Comedie

tiendroit lieu de ces celebres audiences du Palais.

Les plus grosses querelles se vuideroient à coups de ser-bacane chargées de grains de musc & de poudre de Chypre. Les festins sans crapule feroient gouster la vie auec tout vn autre plaisir. Les ris, les chansons, & les bons mots ne laisseroient pas d'y estre, & dans vne agreable liberté, la ciuilité n'ē seroit iamais ba-nie. Le bal, le cours, les pro-menades, les longs voyages sans peril des soldats, des vol-leurs, des pirates , seroient le passe-temps de la vie, & les sciences ne s'aprendroient plus pour les faire seruir d'vn dangereux outil de chicane & de toute iniquité, mais seulement pour d'autant mieux illustrer la pratique des plus belles vertus. L'amour y seroit reciproquement obserué dans la naturelle constance des amantes, & les hommes qui par leur desbordement & leur licence, peruertissent l'vsage des meilleures choses, ne conuertiroient plus les causes de leur felicité, en des instruments de leur malheur.

Voilà l'estat où se verroit

le monde ſous la douce &
benigne domination des Dames.

Ainſi comme elles ſont le
bonheur de la terre, les plus
beaux miracles du Ciel, &
qu'elles font naiſtre les plus
doux plaiſirs dans le monde,
lequel ſans elles ne ſeroit plus
qu'vne triſte & melancolique
demeure remplie d'horreur,
de meſpris, & de confuſion,
c'eſt à iuſte cauſe que les
hommes doiuent tous deſor-
mais ſousmettre leurs volon-
tez à de ſi douces loix, & les
plus vaillants aporter leurs
Lauriers à leurs Mirthes.

I iij

Car que peut-on adiouster aux perfections de ce beau sexe. Il suffit qu'en le cognoiffant on l'admire , & qu'en l'admirant l'on aduouë que c'eft le plus beau chef-d'œuure de la nature. Ces Heros ont cy-deuant vaincu les hómes par la force, mais ils fe verront deformais vaincus par la douceur de ces belles.

Venez donc icy tous (hommes audacieux) vous profterner humblement la bouche fur les genoüils de ces belles Maiftreffes , & confeffez que la prefomption de vous-mefmes vous a cy-deuant aueuglez.

Il faut que vous aduoüiez de bonne foy, qu'entre ces cinq principalles merueilles du souuerain Createur, c'est ce beau sexe qui en a fait l'accomplissement le plus parfait. Que le Ciel, le Monde, l'Ange & l'homme luy cedent, comme les preludes d'vn si haut chef d'œuure. Que c'est le plus beau corps de la nature, l'esprit & l'ame la mieux ornée des plus belles vertus. Qu'il n'y a point d'harmonie, qui esgale le ton melodieux de sa voix, & de sa parole. Que l'art des plus excellents Peintres n'a peu ataindre à l'original d'vn ſi excelent ouurage. Confeſſez ingenument ſans bleſmir, que ces belles creatures ont en partage toutes les veritables vertus, & que les voſtres n'en ont que la couleur. Que ce ne ſont qu'autant de vices ſplendides & eſclatans, ceux que vous appellez faits heroïques dont vous tirez voſtre gloire. Que leur prudence ſurpaſſe la voſtre. Ce que la nature vous fait voir aparemment en vos filles capables de conduire & gouuerner vos maiſons en vn aage où vos fils ſont à leur depen-

dance. Que leur continence,
leur chasteté, leur sobrieté,
leur temperance, leur pu-
deur, leur modestie, leur constance, leur benignité, leur
amour, leur charité, & par-
dessus toutes leur religion &
leur pieté, sont des atributs
en elles, qui leur sont propres
& essentiels, comme est à
vous la fougue, l'audace, la
temerité, la cruauté, l'incon-
stance, l'efronterie, les blaf-
phemes, l'yvrongnerie &
d'autres vices que ie ne nóme
point. Aduoüez, qu'à vos crimes vous leur donnez à faux

la qualité de vaillance, de
magnanimité, de courage,
gallanterie, de fort esprit &
habille homme dans toutes
vos rufes, infidelitez & tromperies. Iugez vous-mefmes
combien leur vie eft beaucoup mieux reglée que la voftre, puis que vous n'en con-
damnez pas vne contre cent
volleurs, depredateurs, pyrates, meurtriers, fauffaires,
impudiques, rauiffeurs, vio-
lateurs, yvrongnes, hereti-
ques, fimoniaques & impies.
Dites à prefent fans fcrupule
que les obieétions que vous
auez faites contre leur fexe

font vaines, fauſſes & illuſoi-
res, quand vous les auez dites vn ouurage imparfait de
la nature, incapable des grandes actions, qualité que vous
attribuez fauſſement aux voſtres, qui ſont autant de vices.
Aduoüez au contraire, que
ce ſeroit la plus grande im-
pefection où pourroit tomber la nature, ſi elle ne nous
donnoit pas ce beau ſexe,
qui fait fleurir le monde
& le rend eternel. Qu'en la
gloire de la force & de l'ad-
dreſſe que vous prenez
ſur leur delicateſſe, recon-
noiſſez franchement que

vous estes surmontez par vn
taureau & plusieurs autres
animaux, & que cette delicatesse en elles, est la preuue de
la beauté de leur esprit audes-
sus des vostres. Vous vanter
de representer la forme, &
elles la matiere, sõt termes &
objectiõs de Pedent, mal ap-
pliquez selon leur esprit criti-
que. Aduoüez que leur constance en amour est autant à
priser que vostre legereté &
vostre appetit du change est
condamnable. Que vostre
tyrannie a donné à quelques-
vnes le desir du changement
de leur sexe, mais pour cela

il ne perd pas son exellence
au dessus du vostre. Que leur
temperament moderé vaut
beaucoup mieux que vostre
chaleur boüillante & fiévreu-
se qui vous conduit dautant
plus facilement à la folie, à la
fureur & à la frenesie. Soû-
mettez-vous, & dites qu'il
ne laisse pas de se trouuer
parmy elles des Amazo-
nes, aussi bien que parmy
vous des Ajax & des Trasons:
Que leur petite ambition
ne se laisse aller qu'a des choses honnestes & licites, là où
la vostre vous transporte à
des actions de Demons, qui

ne tendent qu'à la deſtruction du genre humain, au deſordre & à tout mal-heur ; Que la pudeur & la honte que vous leur objectez, les retenir du mal, ſont deux vertus qui accroiſſent encore leur merite, d'autant plus ſont grands leurs appetits ſenſuels: Que vos preſents, vos ſerenades, vos larmes, vos philtres & mille autres ſubtilitez que vous employez à les vaincre & à deceuoir leur vertu & corrompre leur inclination naturelle, ſont des preuues tres-conſtantes qu'elles valent beaucoup mieux que

vous, qui vous laiſſez aller à
tous vents, & vous portez
de vous-meſmes & par vo-
ſtre inſtinɥt à tous vices : &
pour comble de leur merite
aduoüez que la premiere
d'entr'elles vaut mieux que
tous les hommes qui ont iamais eſté : Finalement vous
vous ſouuiendrez encores
contre l'opinion dont vous
vous eſtes iuſques à preſent
flatez, qu'elles contribuent
de leur part tout autrement
à la creation de vous-meſmes,
& à ce qu'il y a de plus beau
dãs le móde : Que le gouuernement de tous les Eſtats &

Monarchies, auſſi bien que la
conduite de vos maiſons &
famille ; leur appartient auec
bien plus de droit & de rai-
ſon qu'à vous, puis que leur
gouuernement ameine dans
la vie tout bon-heur & tous
plaiſirs, & chaſſe tout le deſordre, les mal-heurs, la de-
ſolation & la ruine que vos
vices ſplendides y attirent.

Que ces beaux exemples
dans l'antiquité & dans les
ſiecles plus recens, & encore
dans le temps preſent, vous
en donnent des preuues tres-
veritables & tres-conſtantes:
Et que les ſiecles d'or rappel-

pellez

lez, où se verront la paix &
la douceur soustenuës de la
puissance absoluë des Dames,
il n'y aura plus que toute sorte de plaisirs dans la vie, puis
que pour vous rendre aymables à vos maistresses & à vos
Souueraines, vous confor-
mants à leurs inclinations
vertueuses & benignes, vous
eschangerez vostre humeur
farouche de sang, de guerre
& de carnage, en celle qui
conuient à la pudeur & à la
bonté de leur sexe.

Ainsi, mes Dames, dans
vn si heureux aduenir, dont
j'auray esté le veritable Pro-

K

phete, ie remporteray cette gloire d'auoir esté le premier qui a estably le iuste prix de vostre merite au dessus des hommes. Et si ma plume trop foible, pour y atteindre n'en a peu faire qu'vn leger crayon, la connoissance que vous auez de vous-mesmes, & vostre miroir vous donneront le suplement de voitre iuste valeur.

F I N.

condition qu'ils foient , autre que
celuy ou ceux que ledit fieur de S.
Gabriel voudra choifir , de l'imprimer ou faire imprimer , vendre ny
debiter , fous pretexte d'augmenta-
tion , correction , changement de ti-
tres ou autrement , en quelque forte
& maniere que ce foit , fans le con-
fentement dudit fieur de S. Gabriel,
ou de ceux qui auront droit de luy,
à peine de quinze cens liures d'a-
mande , applicable moitié au Roy,
& l'autre moitié audit fieur de S. Gabriel , confifcation des exemplaires
contrefaits & de tous dépens, dom-
mages & interefts , ainfi qu'il eft plus
au long contenu efdites Lettres.

*Acheué d'imprimer pour la premiere fois , le
18. Nouembre 1655.*